Du 10. Decembre 1727. 285.

ORDONNANCE DU ROY,

Portant Reglement pour le payement des Troupes de Sa Majesté.

Du 10. Decembre 1727.

A PARIS,
DE L'IMPRIMERIE ROYALE.

M. DCCXXVII.

Du 10. Decembre 1727.

ORDONNANCE DU ROY,

Portant Reglement pour le payement des Troupes de Sa Majesté.

Du 10. Decembre 1727.

DE PAR LE ROY.

SA MAJESTE' voulant regler le traitement qui doit estre fait aux Troupes estant à son service, Elle a ordonné & ordonne ce qui suit.

ARTICLE PREMIER.

GARDES FRANÇOISES.

QUE chaque Compagnie du Regiment de ses Gardes Françoises, à l'exception de celles des Grenadiers, composée du Capitaine, un Lieutenant, un Sous-Lieutenant, deux Enseignes, six Sergens, trois Caporaux, neuf Anspessades, cent quatre Fusiliers, & quatre Tambours, continuëra d'estre payée à raison de Deux cens cinquante-cinq livres par mois au Capitaine; Cent soixante-dix livres seize sols huit deniers, au Lieutenant; Quatre-vingt-cinq livres huit sols quatre deniers au Sous-Lieutenant; Cinquante-cinq livres à chaque Enseigne; Trente-cinq livres dix-huit sols quatre deniers, à chacun des quatre premiers Sergens; Trente-quatre livres quatre sols deux deniers, à chacun des deux autres; Dix-huit livres dix-huit sols quatre deniers, à chaque Caporal; Dix-sept livres cinq sols à chaque Anspessade & Tambour; Quatorze livres quinze sols à chaque Fusilier; pareille somme de Quatorze livres quinze sols pour la paye du Major; Dix livres quinze sols pour celle du Commissaire; & Dix livres quinze sols pour chacune des douze payes de gratification que Sa Majesté accorde au Capitaine, sa Compagnie estant composée du nombre de Cent vingt-six hommes, les Officiers non compris; six lorsqu'elle ne sera que de Cent vingt, jusqu'à Cent vingt-six, & rien au-dessous. Il sera de plus payé trente sols par jour au Capitaine, pour appointer les trente meilleurs Soldats de sa Compagnie.

Compagnie de Grenadiers.

Chacune des trois Compagnies de Grenadiers dudit Regiment, composée du Capitaine, deux Lieutenans, deux Sous-Lieutenans, deux Enseignes, six Sergens, trois Caporaux, neuf Anspessades, quatre-vingt-huit Grenadiers, & quatre Tambours, sera payée à raison de Trois cens soixante livres huit sols au Capitaine, par mois; Deux cens vingt-cinq livres seize sols huit deniers à chaque Lieutenant; Cent dix livres huit sols quatre deniers à chaque Sous-Lieutenant; Soixante-treize livres six sols huit deniers à chaque Enseigne; Quarante livres un sol huit deniers à chacun des cinq premiers Sergens; Trente-huit livres quinze sols au sixiéme Sergent; Vingt-deux livres cinq sols à chaque Caporal; Dix-neuf livres quinze sols à chaque Anspessade & Tambour; Seize livres quinze sols à chaque Grenadier; pareille somme de Seize livres quinze sols pour la paye du Major; Dix livres quinze sols pour celle du Commissaire; & Seize livres quinze sols pour chacune des douze payes de gratification que Sa Majesté accorde au Capitaine,

Capitaine, sa Compagnie estant composée depuis Cent cinq jusqu'à Cent dix hommes, les Officiers non compris, & huit seulement estant à Cent quatre.

L'Estat-Major dudit Regiment sera payé, sçavoir; Huit cens trente-trois livres six sols huit deniers par mois au Colonel; Deux cens cinquante livres au Major; Deux cens quarante-une livres treize sols quatre deniers à chacun des six Aydes-Majors; Cent deux livres un sol huit deniers à chacun des six Sous-Aydes-Majors; Et le reste dudit Estat-Major, en conformité des Estats que Sa Majesté fera expedier à cet effet. *Estat-Major.*

II.

CHAQUE Compagnie du Regiment des Gardes Suisses, composée de Deux cens hommes, les Officiers compris, sera payée sur le pied de Vingt livres six sols pour chaque homme, par mois; pareille somme de vingt livres six sols pour chacune des vingt-sept payes de gratification que Sa Majesté accorde au Capitaine, lorsque sa Compagnie se trouvera du nombre de Cent soixante-quinze & au-dessus, jusqu'à celuy de Deux cens: Sa Majesté trouvant bon aussi de faire payer au Capitaine la somme de Cent quarante-deux livres deux sols par mois, pour appointer les Porte-outils plus anciens, & plus apparents Soldats de sa Compagnie; au moyen de quoy ledit Capitaine doit avoir, & entretenir dans sa Compagnie, un Lieutenant à raison de Cent cinquante livres par mois; un second Lieutenant à Cent vingt livres; un Sous-Lieutenant à Quatre-vingt-dix livres; un Enseigne à Soixante-quinze livres; deux Sergens à Trente-cinq livres chacun; trois autres Sergens à Trente livres; & trois autres à Vingt-cinq livres; un Chirurgien à Trente livres, quatre Trabans, cinq Tambours, un Fiffre, six Caporaux, six Appointez, & cent soixante-quatre Soldats. Sa Majesté ayant aussi reglé qu'outre les Officiers cy-dessus, les Capitaines qui auront des Regimens, seront tenus d'avoir un Capitaine-Lieutenant pour commander leurs Compagnies, qu'ils payeront à raison de Deux cens livres par mois. *GARDES SUISSES.*

Estat-Major.

Les Officiers de l'Estat-Major, & ceux de la Compagnie generale dudit Regiment des Gardes Suisses, continuëront à estre payez suivant les Estats & ordres que Sa Majesté sera expedier à cet effet.

III.

INFANTERIE FRANÇOISE.

A l'égard des Troupes d'Infanterie Françoise, chaque Bataillon composé de dix-sept Compagnies sera payé, sçavoir pour chaque Compagnie de Fusiliers, à raison de trois livres six sols huit deniers par jour au Capitaine, y compris seize sols huit deniers de supplement; vingt sols au Lieutenant, & deux sols dix deniers de supplement; onze sols à chacun des deux Sergens; sept sols six deniers à chacun des trois Caporaux; six sols six deniers à chacun des trois Anspessades; & cinq sols six deniers à chacun des trente-un Fusiliers, & un Tambour. Le Capitaine, outre l'appointement cy-dessus, recevra trois payes de gratification, de cinq sols six deniers chacune par jour, lorsque sa Compagnie se trouvera composée de trente-neuf & de quarante hommes, les Officiers non compris; deux desdites payes lorsqu'elle sera depuis trente-six jusqu'à trente-huit, & une seulement lorsqu'elle ne sera que de trente-cinq; n'en pouvant prétendre aucune, sa Compagnie estant au-dessous dudit nombre de trente-cinq.

Compagnie de Grenadiers.

La Compagnie de Grenadiers qui est en chacun desdits Bataillons, sera payée à raison de quatre livres six deniers par jour au Capitaine; trente-deux sols au Lieutenant, & deux sols dix deniers de supplement; douze sols à chacun des deux Sergens; huit sols six deniers à chacun des trois Caporaux; sept sols six deniers à chacun des trois Anspessades; & six sols six deniers à chacun des trente-six Grenadiers, & un Tambour: Et le Capitaine ayant sa Compagnie complette de quarante-cinq hommes sans les Officiers, ou à quarante-quatre, recevra en outre trois payes de gratification de six sols six deniers chacune par jour; deux desdites payes sa Compagnie estant à quarante-un, quarante-deux, & quarante-trois; une ſeulement lors qu'elle ne ſera qu'à quarante, & rien au deſſous dudit nombre.

Ledit Capitaine de Grenadiers, au moyen du traitement cy-deſſus, payera vingt-cinq livres de chaque Soldat qui ſera tiré dans le Regiment pour entrer dans ſa Compagnie.

Eſtat-Major.

Les Officiers de l'Eſtat-major de chaque Regiment d'Infanterie Françoiſe où il n'y a point de Prevoſté, ſeront payez, ſçavoir trente-trois ſols quatre deniers par jour au Meſtre de Camp; vingt ſols au Lieutenant-Colonel, & vingt-cinq ſols de ſupplement; trois livres ſix ſols huit deniers au Major, y compris ſeize ſols huit deniers de ſupplement; trente-trois ſols quatre deniers à l'Ayde-Major, & deux ſols dix deniers de ſupplement; vingt ſols au Marêchal des Logis; dix ſols à chacun des Aumônier & Chirurgien: Et l'Enſeigne qui eſt en chacune des Compagnies du Colonel general & du Meſtre de Camp, recevra quinze ſols par jour, & deux ſols dix deniers de ſupplement.

Prevoſté.

Les Officiers de la Prevoſté qui eſt en chacun des Regimens de Picardie, Champagne, Navarre, Piedmont, Normandie, la Marine, Richelieu, Bourbonnois, Auvergne, Tallard, de Pons, du Roy, Royal, Lyonnois, Dauphin, Anjou, du Maine, la Reine, Royal des Vaiſſeaux, Orleans, la Couronne, Artois, Royal-Rouſſillon, Condé, Bourbon, Royal-la-Marine, Royal-Comtois, Mailly, Nice, Toulouſe, Eſtampes, Conty & Enghien, ſeront payez à raiſon de vingt-ſix ſols huit deniers par jour au Prevoſt; treize-ſols quatre deniers à ſon Lieutenant; huit ſols quatre deniers au Greffier; & cinq ſols à chacun des cinq Archers, & à l'Executeur de Juſtice.

Commandant de Bataillon.

Le Commandant de chaque Bataillon, qui n'eſt point chef de Regiment, aura vingt ſols par jour, & ſeize ſols huit deniers de ſupplement, outre ſes appointemens de Capitaine; & l'Ayde-Major deſdits Bataillons, même le ſecond qui eſt dans le premier Bataillon du Regiment du Roy, leſquels ne pourront avoir d'autres charges, recevront trente-trois ſols quatre deniers auſſi par jour, & deux ſols dix deniers de ſupplement. Voulant Sa Majeſté, que l'augmentation cy-deſſus mentionnée, tant à la paye du Soldat, que pour ſupplement d'appointemens aux Officiers d'Infanterie Françoiſe, continuë d'eſtre payée ainſi qu'il eſt reglé par ſon Ordonnance du 20. Avril 1722.

Les vingt ſols par jour qui ont eſté conſervez aux Capitaines qui commandoient cy-devant des Bataillons, leſquels ont eſté incorporez dans les premiers des mêmes Regimens, & y ſont rentrez avec leurs Compagnies; ſçavoir les S.rs Caſtron du Regiment du Perche, Sirmont de Beauvoiſis, Taveau de Roüergue, Lombard de Royal-Comtois, Guerin de Montconſeil, Fontaine de Boulonnois, Seve de Saintonge, & Bellac d'Auxerrois, continuëront à leur eſtre payez juſqu'à ce qu'ils parviennent à quelques grades : Et Sa Majeſté veut bien auſſi les diſpenſer de monter la Garde dans leſdits Bataillons.

Officiers reformez.

Les Capitaines & Lieutenans reformez d'Infanterie Françoiſe, qui en conformité de l'Ordonnance du 25. Juin 1725. ſont compris dans les eſtats ſignez du Secretaire d'Eſtat de la guerre pour ſervir à la ſuite deſdits Regimens, n'ayant point de domicile, ſeront payez en paſſant preſens aux Revûës, ſur le pied de Trente-ſept livres dix ſols par mois à chaque Capitaine, & de vingt livres à chaque Lieutenant.

Maſſe.

Outre la ſolde cy-deſſus reglée pour les Sergens, Caporaux, Anſpeſſades, Grenadiers, Soldats & Tambours, qui leur ſera payée à chaque preſt ſans aucune retenuë, au moyen de quoy ils doivent s'entretenir de linge & chauſſure, il ſera donné vingt deniers par jour pour chaque Sergent, & dix deniers pour chaque Caporal, Anſpeſſade, Grenadier, Soldat & Tambour, qui formeront une maſſe toûjours complette, montant à Huit cens quatre-vingt-dix-huit livres quinze ſols par mois pour chaque Bataillon, ſans avoir égard au nombre d'hommes dont les Compagnies ſeront compoſées; laquelle demeurera entre les mains du Treſorier, qui en donnera ſa reconnoiſſance à la fin de chaque mois au Major ou autre Officier chargé du détail

du

du Regiment, pour estre ladite masse remise sur la main-levée des Directeurs ou Inspecteurs generaux, visée du Colonel general, & employée à l'habillement desdits Regimens ou Bataillon, ainsi que par le passé.

I V.

Royal Artillerie.

LES huit Compagnies de chacun des cinq Bataillons du Regiment Royal Artillerie, composées chacune du Capitaine, d'un Capitaine en second, de deux Lieutenans, deux Sous-Lieutenans, quatre Sergens, quatre Caporaux, quatre Anspessades, deux Cadets, trente-six Canonniers, Bombardiers, Mineurs, Sapeurs, Ouvriers en fer ou bois, quarante-huit Soldats apprentifs, & deux Tambours, seront payées; sçavoir Onze livres deux sols deux deniers par jour, au Capitaine dont la Compagnie se trouvera depuis quatre-vingt-quinze jusqu'à cent hommes, les Officiers non compris; Dix livres, lorsqu'elle sera de quatre-vingt-dix à quatre-vingt-quinze; Neuf livres, depuis quatre-vingt-cinq jusqu'à quatre-vingt-dix; Huit livres, depuis quatre-vingt jusqu'à quatre-vingt-cinq; Sept livres, depuis soixante-quinze jusqu'à quatre-vingt; Six livres, depuis soixante-dix jusqu'à soixante-quinze; & Cinq livres, lorsqu'elle sera au-dessous dudit nombre de soixante-dix; de Trois livres au Capitaine en second; cinquante sols au premier Lieutenant; quarante sols au Lieutenant en second; trente sols à chaque Sous-Lieutenant; vingt sols six deniers à chaque Sergent; quatorze sols six deniers à chaque Caporal; onze sols six deniers à chaque Anspessade; neuf sols six deniers à chacun des deux Cadets, trente-six Canonniers, Bombardiers, Sapeurs, Mineurs, Ouvriers, & deux Tambours; six sols six deniers à chacun des douze plus anciens Soldats Apprentifs; & cinq sols six deniers à chacun des trente-six autres.

Estat-Major.

L'Estat-Major de chacun desdits cinq Bataillons, sera payé à raison de Six livres deux sols deux deniers au Lieutenant-Colonel, outre ses appointemens de Capitaine; Neuf livres trois sols trois deniers au Major; Six livres deux sols deux deniers à l'Ayde-Major, lesquels ne pourront avoir d'autres employs, & dix ſols à chacun des Aumonier, & Chirurgien.

Il ſera payé Cinq livres par jour au Meſtre de Camp-Lieutenant dudit Regiment, ſçavoir cinquante-cinq ſols pour ſes appointemens en ladite qualité, & quarante-cinq ſols pour luy tenir lieu de la Prevoſté qui eſtoit cy-devant entretenuë dans ledit Regiment, & que Sa Majeſté a jugé à propos de ſupprimer, ainſi que le Mareſchal des Logis.

Appointemens conſervez.

SA MAJESTÉ voulant continuer aux Sieurs Larieux, de Lorme, & aux Cadets, ou Mineurs entretenus dans les cinq Bataillons dudit Regiment, les mêmes appointements qu'ils avoient dans les Compagnies de Deſtouches, la Roche du Regiment des Bombardiers; & dans celles de Mineurs, de Valiere, Dabin, Vollain, & de Lorme, juſques à ce qu'ils parviennent à d'autres grades: Son intention eſt qu'il ſoit payé ſix ſols huit deniers par jour audit Sieur de Larieux, outre Trois livres qu'il reçoit en qualité de Capitaine en ſecond au Bataillon de Certemont; & dix ſols audit Sieur de Lorme, outre cinquante ſols qu'il a en qualité de Lieutenant au Bataillon de Thorigny: Et qu'au lieu de vingt ſols ſix deniers cy-deſſus ordonnez pour les Sergents, & neuf ſols ſix deniers pour leſdits Cadets, & Mineurs, il ſoit payé, ſçavoir, trente-trois ſols par jour au nommé la Jeuneſſe Sergent; vingt-trois ſols, au nommé Saint Laurent; vingt ſols à chacun des nommez Dupleſſis, Joſeph, Flavigny, Fleury; quinze ſols à chacun des nommez de Creé, Duplex, Bienvenu, Labaſtide, Tranchemontagne, & dix ſols au nommé Rouſſillon, entretenus, Sergents, Cadets, ou Mineurs dans le Bataillon de Pijart, trente-trois ſols quatre deniers au nommé Vitry; vingt-trois ſols au nommé Mathias; vingt ſols à chacun des nommez Clemençon, de Cœurs, Laviolette, Deſbroſſes, Lorrain; quinze ſols à chacun des nommez Rougemont, Saint Aubin, Boisjoly, la Roze, Laviolette; douze ſols à chacun des nommez Dauteroche,

Lageurie ; & dix ſols à chacun des nommez Vadeboncœur, Michelet, Vadeboncœur, & la Liberté, tous entretenus au Bataillon de Certemont : trente ſols au nommé Saint Floux ; vingt-trois ſols quatre deniers au nommé Cadit ; vingt ſols à chacun des nommez Saint Pierre, Blondin, Dauphiné ; quinze ſols à chacun des nommez Jacques Loyſeau, Cleret, Leon Chevalier, Léveillé, Remond la Bonté ; & dix ſols à chacun des nommez Gaco, Rondet, Bera, Jean Rouſſet, Villeneuve, & Feau, tous entretenus au Bataillon de Thorigny : trente-trois ſols quatre deniers au nommé Lallier ; trente ſols au nommé Fayen ; vingt ſols à chacun des nommez Deſmaret, Saint Louis, Beau-Soleil, Joſeph, Dominique ; quinze ſols à chacun des nommez Cremieux, Duval, & dix ſols au nommé belle Roſe, tous entretenus au Bataillon de la Perelle : vingt ſols à chacun des nommez de Rey, & Servo ; quinze ſols à chacun des nommez la France, Michel, Dubourg, Saint Michel ; & douze ſols à chacun des nommez Beauchamp, Bonneval, Gengene, & la Sottée, tous entretenus Cadets, & Mineurs dans le Bataillon de Romillé. Entend auſſi Sa Majeſté, qu'outre la paye cy-deſſus, il ſoit encore donné par forme de ſupplement, Cent livres de penſion par an à chacun des nommez Fleury, Deſmaret, Rey, & Servo, tous quatre Cadets cy-deſſus nommez ; le tout juſqu'à ce qu'ils parviennent à des grades qui leur attribuënt une paye équivalente à ce qui eſt marqué cy-deſſus, ſans tirer à conſequence pour ceux qui leur ſuccederont : Veut auſſi Sa Majeſté, qu'il ſoit payé Trois livres par jour au Sieur Barbier Capitaine reformé entretenu à la ſuite du Bataillon de Pijart.

Outre la ſolde cy-deſſus reglée pour ledit Regiment, il ſera payé, ainſi que dans les autres Regimens d'Infanterie Françoiſe, vingt deniers par jour pour chaque Sergent, & dix deniers pour chaque Caporal, Anſpeſſade, Canonnier, Bombardier, Sapeur, Mineur, Ouvrier, Cadet, Fuſilier, & Tambour, qui formeront une maſſe

Maſſe.

toûjours complette, de Quinze cens soixante livres par an pour chaque Compagnie; sur laquelle il en sera remis en vertu de la main-levée du Directeur, & Inspecteur general, deux cens soixante livres au Capitaine dont la Compagnie se sera trouvé complette à la Revûë de la fin du Semestre, de cent hommes armez & vestus, pour le dédommager des frais de l'habillement de ses recruës: Et si la Compagnie n'est point en estat lors de ladite revûë, ladite somme restera à la masse destinée pour l'habillement de ladite Compagnie.

V.

Compagnies de l'Hostel Royal des Invalides.

Les Compagnies de l'Hôtel Royal des Invalides, de soixante-dix hommes chacune, seront payées, à la reserve de celles dont il sera parlé cy-après, sçavoir, cinquante sols par jour au Capitaine, vingt sols à chaque Lieutenant, dix sols à chacun des trois Sergens, sept sols à chacun des trois Caporaux, six sols à chacun des trois Anspessades, & cinq sols à chacun des soixante Soldats, & au Tambour.

La Compagnie de Dupuy qui est de quatre-vingt hommes, recevra le même traitement que les autres Compagnies dudit Hôtel cy-dessus; & les dix hommes d'augmentation, seront aussi payez sur le pied de cinq sols chacun par jour.

La Compagnie de Vinot sera payée à raison de cinquante sols par jour au Capitaine-commandant, pareille somme de cinquante sols au Capitaine en second, vingt sols à chaque Lieutenant, douze sols à chacun des trois Sergens, neuf sols à chacun des trois Caporaux, huit sols à chacun des trois Anspessades, & sept sols à chacun des soixante Fusiliers, & un Tambour.

La Compagnie de Fusiliers du Roy, commandée par le Sieur Duclos, formée d'Officiers & Soldats tirez dudit Hôtel, sera payée à raison de trois livres par jour au Capitaine, quarante sols à chacun des trois Lieutenans, vingt-cinq sols au Capitaine d'armes, vingt sols à chacun des quatre Sergens, quinze sols à chacun des quatre Caporaux,

Caporaux, douze sols à chacun des quatre Anspessades & deux Tambours, & dix sols à chacun des quatre-vingt-dix Fusiliers.

La Compagnie de Fusiliers du Roy, commandée par le Sieur de Vilarmois, qui doit servir à la garde du Chasteau de Chambort, composée du Capitaine-commandant, d'un Capitaine en second, deux Lieutenans, un Fourrier, trois Sergens, trois Caporaux, trois Anspessades, soixante-dix Soldats & un Tambour, sera payée à raison de trois livres par jour au Capitaine-commandant, pareille somme de trois livres au Capitaine en second, trente-trois sols quatre deniers à chaque Lieutenant, pareille somme de trente-trois sols quatre deniers au Fourrier, vingt-cinq sols à chaque Sergent, vingt sols à chaque Caporal, dix-huit sols à chaque Anspessade, & quinze sols à chaque Fusilier & Tambour.

VI.

Milices.

SA MAJESTÉ ordonne que les Bataillons de Milices, qui en conformité de son Ordonnance du 25. Fevrier 1726. ont esté mis sur pied, seront payez lorsqu'ils se trouveront assemblez, ou serviront hors de leurs Provinces par les ordres de Sa Majesté; sçavoir, de cinquante sols par jour au Capitaine de chaque Compagnie; vingt sols au Lieutenant; dix sols à chacun des quatre Sergens; sept sols six deniers à chacun des six Caporaux; six sols six deniers à chacun des six Anspessades; cinq sols six deniers à chacun des quatre-vingt-deux Fusiliers; & sept sols à chacun des deux Tambours; dont six deniers seront employez pour le linge & la chaussure desdits Caporaux, Anspessades, Soldats & Tambours: Et le Capitaine recevra en outre deux payes de gratification, de cinq sols six deniers chacune par jour, lorsque sa Compagnie sera à quatre-vingt-cinq hommes & au-dessus, une seulement depuis quatre-vingt jusqu'à quatre-vingt-cinq: Et si par la negligence du Capitaine de demander le remplacement des hommes qui manqueroient à sa Compagnie, elle se trouvoit au-dessous du nombre de soixante-dix, les Officiers non compris, il sera retenu Quinze livres par mois sur ses appointemens, jusqu'à ce qu'elle soit remise du moins au nombre de quatre-vingt. Veut aussi Sa Majesté, que les quatre deniers pour livre affectez tant à l'Hôtel Royal des Invalides, qu'aux gratifications des Officiers sur le quatriéme denier, soient retenus sur les six deniers destinez pour le linge & la chaussure desdits Caporaux, Anspessades, Fusiliers & Tambours.

Le Lieutenant-Colonel de chaque Bataillon, lorsqu'il sera assemblé ou servira hors de sa Province, recevra quarante sols par jour outre ses appointemens de Capitaine, & l'Ayde-Major quarante-cinq sols.

VII.

Compagnies de Cadets Gentils-hommes.

Les Compagnies de Cadets, composées chacune de cent Gentilshommes & deux Tambours, les Officiers non compris, seront payées à raison de cent cinquante livres par mois au Capitaine, quatre-vingt-dix livres au Lieutenant; quarante-cinq livres à chacun des deux Sous-Lieutenans; trente livres à chacun des quatre Sergens; vingt-une livres à chacun des six Caporaux; dix-huit livres à chacun des six Anspessades; quinze livres à chacun des quatre-vingt-quatre Cadets; pareille somme de quinze livres à chacun des deux Tambours; soixante-quinze livres à l'Aumônier qui est en chaque Compagnie; quatre-vingt-dix livres au Maître de Mathematiques; soixante-quinze livres au Maître en fait d'Armes; & soixante livres au Maître à danser.

VIII.

Compagnies Franches.

Les Compagnies franches de Fusiliers-Partisans, de Thiers, du Limont, Jacob, Chateauvieux, Battembourg & Gallau, de cent hommes chacune sans les Officiers, seront payées à raison de cinq livres par jour au Capitaine; trente sols au Capitaine Reformé; vingt-sept sols huit deniers à chacun des deux Lieutenans; onze sols à chacun des quatre Sergens; neuf sols six deniers à chacun des six Caporaux; sept sols six deniers à chacun des six Anspessades;

cinq sols six deniers à chacun des quatre-vingt-deux Fusiliers & deux Tambours: Et le Capitaine recevra en outre six payes de gratification de cinq sols six deniers chacune par jour, sa Compagnie estant de quatre-vingt-quinze hommes & au-dessus, jusqu'à cent; quatre desdites payes, depuis quatre-vingt-dix jusqu'à quatre-vingt-quinze; deux seulement lorsqu'elle sera de quatre-vingt jusqu'à quatre-vingt-dix; & rien au-dessous dudit nombre de quatre-vingt.

Outre la solde cy-dessus il sera payé vingt deniers par jour pour chaque Sergent, & dix deniers pour chaque Soldat ou Tambour, qui composeront une masse toûjours complette destinée à l'habillement desdites Compagnies, laquelle sera delivrée sur la main-levée du Directeur, ou Inspecteur.

IX.

Compagnie de Monaco.

La Compagnie Franche de Monaco, composée d'un Capitaine, un Capitaine en second, un Lieutenant, un Enseigne, deux Sergens, trois Caporaux, cinq Anspessades, trente-neuf Fusiliers, & un Tambour, sera payée à raison de cinquante sols par jour au Capitaine, vingt-cinq sols au Capitaine en second, vingt sols au Lieutenant, quinze sols à l'Enseigne, dix sols six deniers à chaque Sergent, sept sols six deniers à chaque Caporal, six sols six deniers à chaque Anspessade, & cinq sols six deniers à chaque Fusilier ou Tambour. Le Capitaine aura de plus quatre payes de gratification de cinq sols six deniers chacune par jour, lorsque sa Compagnie sera composée de cinquante hommes, les Officiers non compris.

X.

Compagnie de Saumery.

La Compagnie Franche de Saumery, qui est aux Isles Sainte Marguerite, & à Saint Honorat, composée d'un Capitaine, deux Lieutenans, deux Sergens, un Caporal, un Anspessade, & trente-un Soldats, sera payée à raison de deux livres dix-huit sols quatre deniers par jour au Capitaine, qui aura de plus Onze livres cinq sols aussi par jour par augmentation d'appointemens; de trente sols à chaque Lieutenant, & trente-trois fols quatre deniers d'Appointemens extraordinaires; douze ſols à chaque Sergent, huit ſols au Caporal, ſept ſols à l'Anſpeſſade, & ſix ſols à chaque Soldat : Et le Chapelain qui eſt avec ladite Compagnie, recevra ſeize ſols huit deniers par jour.

X I.

Suisses. QUANT aux Troupes d'Infanterie eſtrangere que Sa Majeſté trouve bon d'entretenir à ſon ſervice, chaque Compagnie des Regimens Suiſſes de Villars, Brendlé, Bettens, Heſſy, Daffry, d'Hemel, Dierbak & Courten, pourra eſtre de cent ſoixante hommes, & ſera payée à raiſon de Seize livres par mois pour chacun homme, & pour chaque paye de gratification que Sa Majeſté accorde au Capitaine, qui en aura vingt-ſept lorſque ſa Compagnie ſe trouvera depuis cent quarante-quatre, juſqu'à Cent ſoixante; ſeize deſdites payes ſa Compagnie eſtant depuis cent trente, juſqu'audit nombre de cent quarante-quatre; ne devant eſtre donné aucune paye de gratification, la Compagnie eſtant au-deſſous dudit nombre de cent trente hommes, les Officiers compris : au moyen de quoy chaque Capitaine doit avoir & entretenir dans ſa Compagnie un Capitaine-Lieutenant à Cent livres par mois; un Lieutenant à Soixante-quinze livres; un Sous-Lieutenant à Cinquante livres, un Enſeigne à Quarante-ſept livres, deux Sergens à Vingt-cinq livres chacun, deux autres Sergens à Vingt livres chacun, un Fourrier à Vingt livres, un Porte-Enſeigne & un Capitaine d'Armes à Dix-huit livres chacun, un Prevoſt à quinze livres, ſix Caporaux, ſix Anſpeſſades & cent trente-cinq Fuſiliers, compris les Tambour & Fifre : eſtant à obſerver que dans les Compagnies dont les Capitaines ne ſervent point au Corps, le Capitaine-Lieutenant doit recevoir Cent trente livres; & qu'il doit y avoir deux Lieutenans au lieu d'un, payez à Soixante-quinze livres chacun par mois.

Eſtat-Major. L'Eſtat-Major de chacun deſdits Regimens Suiſſes ſera payé à raiſon de Mille livres par mois, dans le lieu où la Compagnie Colonelle ſe trouvera.

Comme

Comme Sa Majesté a fait joindre ensemble deux Compagnies Suisses de quatre-vingt hommes chacune, pour faire le service d'une Compagnie entiere; son intention est que le complet desdites deux Compagnies soit aussi à cent quarante-quatre hommes, sans avoir égard si une des deux en a plus que l'autre dans ledit nombre de cent quarante-quatre: Sa Majesté laissant aux Capitaines la liberté de s'accommoder entr'eux là-dessus, & trouve bon que lesdits Capitaines dont les Compagnies sont ainsi couplées, y servent alternativement pendant un an; & que celuy des deux qui pourra s'absenter, soit payé comme present: Sa Majesté veut bien aussi que les Capitaines-Lieutenans commandant les Compagnies dont les Capitaines servent à d'autres employs, s'absentent alternativement; mais Elle ordonne que pendant l'année de leur absence, ils ne reçoivent que Cinquante livres par mois, au lieu de Cent trente qu'ils ont pendant l'année de leur service.

Compagnies de Daffry & Paravicini.

Les Compagnies Suisses de Daffry & Paravicini, de quatre-vingt hommes chacune, doivent avoir la moitié des Officiers cy-dessus marquez pour une Compagnie de cent soixante, & seront payées sur le pied de Seize livres par mois pour chacun homme, & paye de gratification, le Capitaine devant en avoir treize & demie, sa Compagnie estant depuis soixante-douze jusqu'à quatre-vingt hommes, les Officiers compris; huit desdites payes, depuis soixante-cinq jusqu'à soixante-douze: Et ne sera payé que pour les effectifs sans paye de gratification, si sa Compagnie se trouve au-dessous dudit nombre de soixante-cinq.

Compagnie de Reynold.

La Compagnie Suisse de Reynold, de cinquante hommes les Officiers compris, doit avoir le quart des Officiers d'une Compagnie de cent soixante hommes, & le Capitaine recevra sept payes de gratification outre le payement des effectifs, quand elle se trouvera depuis quarante-deux jusqu'à cinquante, & cinq payes lorsqu'elle sera depuis trente-huit, jusquà quarante-un inclusivement: sans que le Capitaine puisse pretendre aucune paye, la

Compagnie estant au-dessous dudit nombre de trente-huit, les Officiers compris.

Retenuë pour l'absence.

S'il arrive qu'un Officier desdites Compagnies Suisses s'absente sans Congé, ou qu'il outrepasse celuy qui luy aura esté accordé, il sera retenu sur la solde de la Compagnie huit payes de seize livres chacune par mois, pour l'absence du Capitaine, ou Capitaine-Lieutenant, six pour celle du Lieutenant ou second Lieutenant, quatre pour le Sous-Lieutenant, & trois pour celle de l'Enseigne, pendant le temps que l'absence de l'Officier aura duré.

XII.

ALLEMANDS.

LES seize Compagnies qui composent les deux Bataillons du Regiment d'Alsace; & les huit de chacun des Regimens de Saxe, la Marck, Lenck, & Royal Baviere d'Infanterie Allemande, composées de quatre-vingt hommes chacune, seront payées à raison de treize livres par mois pour chaque homme, & pour chacune des onze payes de gratification que le Roy accorde au Capitaine, sa Compagnie estant depuis soixante-quinze, jusqu'à quatre-vingt hommes, les Officiers non compris; neuf desdites payes, depuis soixante-dix, jusqu'à soixante-quinze; sept depuis soixante-cinq, jusqu'à soixante-dix; & cinq depuis soixante jusqu'à soixante-cinq; le Capitaine ne devant estre payé que pour les effectifs, lorsque sa Compagnie se trouvera au-dessous dudit nombre de soixante. Il sera en outre payé quatre-vingt-dix livres par mois au Capitaine en pied, pour ses appointemens; pareille somme de quatre-vingt-dix livres au Capitaine reformé, soixante livres au premier Lieutenant, cinquante-une livres au second Lieutenant, & quarante-huit livres à l'Enseigne de chaque Compagnie: Entendant Sa Majesté, que dans ledit nombre de quatre-vingt hommes, soient compris & payez par le Capitaine un premier Sergent à treize sols par jour, deux autres à douze sols, un quatriéme à onze sols, un Fourrier & un Capitaine d'armes à neuf sols chacun, deux Fourriers Schutz à huit ſols chacun ; quatre Caporaux, deux Tambours à ſept ſols chacun ; huit Anſpeſſades à ſix ſols ſix deniers chacun ; & cinquante-huit Fuſiliers à cinq ſols ſix deniers auſſi chacun.

Il ſera payé pour l'Eſtat-Major de chacun deſdits Regimens, mille livres par mois au Meſtre de Camp, cent ſoixante livres au Lieutenant-Colonel, outre leurs Appointemens de Capitaine ; trois cens livres au Major, cent livres à l'Interprete ; quatre-vingt-dix livres à l'Ayde-Major, qui ne pourra y avoir d'autre charge ; quarante-cinq livres à l'Aumônier, cinquante livres à chacun des Chirurgien & Auditeur, quarante livres au Prevoſt, vingt livres à chacun des Greffier & Tambour-Major ; dix-huit livres à chacun des deux Archers, & à l'Executeur de Juſtice ; ſoixante livres au Commandant, & quatre-vingt-dix livres à l'Ayde-Major du ſecond Bataillon du Regiment d'Alſace. *Eſtat-Major.*

Les Officiers reformez entretenus à la ſuite deſdits Regimens, ſeront payez, ſçavoir chaque Meſtre de Camp, ou Lieutenant-Colonel, ſur le pied de cent trente-ſix livres dix-ſept ſols ſix deniers par mois ; quatre-vingt-dix livres à chaque Capitaine, & de quarante-huit livres à chaque Lieutenant. *Officiers reformez.*

Les Officiers reformez qui compoſent les Brigades deſdits Regimens, ou qui ont eû des ordres du Roy pour eſtre entretenus dans les Places, ſeront payez à raiſon de quatre-vingt-dix livres par mois au Capitaine commandant leſdites Brigades, ſoixante livres à chacun des autres Capitaines, & trente livres à chaque Lieutenant.

XIII.

ROYAL ITALIEN.

CHACUNE des douze Compagnies du Regiment Royal Italien, à la reſerve de celle de Grenadiers, compoſée de cinquante hommes les Officiers non compris, doit eſtre payée à raiſon de quatre livres par jour au Capitaine, trente-deux ſols au Lieutenant, vingt-quatre ſols à l'Enſeigne, quatorze ſols à chacun des deux Sergents ; neuf ſols dix deniers à chacun des trois Caporaux ;

huit ſols cinq deniers à chacun des cinq Anſpeſſades, & un Tambour; ſept ſols ſix deniers à chacun des dix appointez; & de ſept ſols à chacun des vingt-neuf Fuſiliers : le Capitaine devant recevoir cinq payes de gratification, de ſept ſols chacune par jour, lorſque ſa Compagnie ſe trouvera de quarante-ſix hommes, & au-deſſus juſqu'à cinquante; quatre depuis quarante & un juſqu'à quarante-ſix; & trois lorſqu'elle ne ſera que de quarante : ſans que le Capitaine puiſſe prétendre aucune paye de gratification, ſa Compagnie eſtant au-deſſous dudit nombre de quarante, les Officiers non compris.

Grenadiers. La Compagnie de Grenadiers dudit Regiment, de cinquante hommes ſans les Officiers, ſera payée à raiſon de quatre livres ſeize ſols par jour au Capitaine; cinquante-un ſols deux deniers au Lieutenant; trente-deux ſols au Sous-Lieutenant; quinze ſols à chacun des deux Sergens; dix ſols dix deniers à chacun des trois Caporaux; neuf ſols cinq deniers à chacun des cinq Anſpeſſades, & au Tambour; & huit ſols à chacun des trente-neuf Grenadiers : le Capitaine devant avoir cinq payes de gratification de huit ſols chacune, ſa Compagnie eſtant de quarante-ſix & au-deſſus, juſqu'à cinquante, quatre à quarante-cinq, & trois à quarante, ſans les Officiers, ainſi qu'aux Compagnies de Fuſiliers dudit Regiment.

Eſtat-Major. L'Eſtat-Major dudit Regiment ſera payé à raiſon de treize livres ſix ſols huit deniers par jour au Meſtre de Camp; trois livres quatre ſols au Lieutenant-Colonel; quatre livres au Major; pareille ſomme de quatre livres à l'Interprete; quarante-huit ſols à l'Ayde-Major; vingt-quatre ſols au Mareſchal des Logis; trente-deux ſols à l'Aumoſnier; quinze ſols au Chirurgien; trente-deux ſols au Prevoſt; ſeize ſols à ſon Lieutenant; dix ſols au Greffier; huit ſols au Tambour-Major; & ſix ſols huit deniers à chacun des cinq Archers, & à l'Executeur.

Il ſera payé cent livres par mois à chaque Meſtre de Camp reformé, entretenu à la ſuite dudit Regiment; quatre-vingt-trois livres ſix ſols huit deniers à chaque Lieutenant-

Lieutenant-Colonel; ſoixante livres à chaque Capitaine, & trente livres à chaque Lieutenant.

Brigades.

Les Officiers reformez qui compoſent la Brigade dudit Regiment, & ceux des Brigades des Regimens Royal Rouſſillon, & de Nice, ou qui ont eſté détachez pour eſtre entretenus dans quelques Places, ſeront payez ſçavoir, cent vingt-cinq livres par mois à chacun des Sieurs Theneſol, & Romagny, ſoixante-quinze livres au Sieur de Giranton, commandant leſdites trois Brigades; ſoixante livres à chaque Capitaine, & trente livres à chaque Lieutenant.

XIV.

Lée, Clare et Dillon.

CHACUNE des quinze Compagnie des Regimens d'Infanterie Irlandoiſe de Lée, Clare, & Dillon, à la reſerve de celle des Grenadiers, compoſée de quarante hommes, ſera payée à raiſon de cinq livres par jour au Capitaine; trois livres ſix ſols huit deniers au Capitaine reformé; quarante-cinq ſols au Lieutenant; trente ſols au Lieutenant reformé; trente-ſix ſols à l'Enſeigne qui eſt dans la Compagnie du Colonel general, & du Meſtre de Camp de chacun deſdits Regiments; de treize ſols à chacun des deux Sergents; huit ſols ſix deniers à chacun des trois Caporaux; ſept ſols ſix deniers à chacun des trois Anſpeſſades; & ſix ſols ſix deniers à chacun des trente-un Fuſiliers, & un Tambour: le Capitaine recevra de plus trois payes de gratification, de ſix ſols ſix deniers chacune par jour, ſa Compagnie eſtant à trente-neuf & quarante hommes ſans les Officiers; deux deſdites payes à trente-ſix, trente-ſept, & trente-huit; une ſeulement à trente-cinq, & rien au-deſſous dudit nombre de trente-cinq.

Grenadiers.

La Compagnie de Grenadiers qui eſt en chacun deſdits Regimens, doit eſtre payée à raiſon de ſix livres par jour au Capitaine; trois livres ſix ſols huit deniers au Capitaine reformé; trois livres dix ſols au Lieutenant; trente ſols au Lieutenant reformé; quatorze ſols à chacun des deux Sergens; neuf sols six deniers à chacun des trois Caporaux; huit sols six deniers à chacun des trois Anspessades; & sept sols six deniers à chacun des trente-un Grenadiers, & un Tambour : le Capitaine devant aussi avoir trois payes de gratification, de sept sols six deniers chacune par jour, sa Compagnie estant à trente-neuf & quarante hommes, sans les Officiers; deux desdites payes à trente-six, trente-sept, & trente-huit; une seulement à trente-cinq; & rien au-dessous dudit nombre de trente-cinq.

Estat-Major. L'Estat-Major de chacun desdits Regimens, sera payé à raison de treize livres six sols huit deniers par jour au Mestre de Camp; quarante-cinq sols au Lieutenant-Colonel, outre leurs appointemens de Capitaine; six livres treize sols quatre deniers au Major; cinq livres à l'Interprete; trois livres à l'Aide-Major; quarante sols à l'Aumônier; & trente sols à chacun des Chirurgien, & Marêchal des Logis.

Officiers reformez. Il sera payé aux Officiers Reformez entretenus à la suite desdits Regimens, détachez dans les Places, ou qui forment les Brigades, à raison de cent cinquante livres par mois à chaque Mestre de Camp ou Lieutenant-Colonel; cent livres à chaque Capitaine; & quarante-cinq livres à chaque Lieutenant, à l'exception de ceux qui sont sortis des Regimens d'Odonnel & Galmoy, ausquels il n'est accordé que le même traitement des Officiers Reformez des Regimens de Roth & Berwick, cy-aprés expliqué.

La Pension de quatre mille sept cens livres attachée à la Charge du Mestre de Camp de chacun desdits Regimens, au lieu de Deux mille livres qu'il avoit anciennement, luy sera continuée; au moyen de quoy ils ne doivent plus retenir les quatre deniers par jour sur la masse des Sergens, Caporaux, Anspessades & Soldats, qui doivent recevoir leur paye en entier, à la déduction seulement d'un sol qui sera mis à la masse.

Du 10. Décembre 1727. 296.

X V.

CHACUNE des quinze Compagnies des Regimens de Roth & Berwick, à la reserve de celles de Grenadiers, composées de quarante hommes, sera payée à raison de trois livres quinze sols par jour au Capitaine; quarante-cinq sols dix deniers au Capitaine reformé; trente-deux sols six deniers au Lieutenant; vingt-un sols huit deniers au Lieutenant reformé; vingt-cinq sols six deniers à l'Enseigne qui est en chacune des Compagnies du Colonel general, & du Mestre de Camp; treize sols à chacun des deux Sergens; huit sols six deniers à chacun des trois Caporaux; sept sols six deniers à chacun des trois Anspessades; six sols six deniers à chacun des trente-un Fusiliers, & un Tambour; & six sols six deniers pour chacune des trois payes de gratification que le Roy accorde au Capitaine, sa Compagnie estant à trente-neuf & quarante hommes, les Officiers non compris; deux desdites payes à trente-six, trente-sept & trente-huit; une seulement à trente-cinq; & rien au-dessous dudit nombre. *ROTH ET BERWICK.*

La Compagnie de Grenadiers qui est en chacun desdits deux Regimens, doit estre payée à raison de quatre livres quinze sols par jour au Capitaine; quarante-cinq sols dix deniers au Capitaine reformé; cinquante-un sols au Lieutenant; vingt-un sols huit deniers au Lieutenant reformé; quatorze sols à chacun des deux Sergens; neuf sols six deniers à chacun des trois Caporaux; huit sols six deniers à chacun des trois Anspessades; sept sols six deniers à chacun des trente-un Grenadiers, & un Tambour; & sept sols six deniers pour chacune des trois payes de gratification que le Roy accorde au Capitaine, sa Compagnie estant de trente-neuf & quarante hommes, les Officiers non compris; deux, à trente-six, trente-sept, & trente-huit; & une seulement à trente-cinq : sans que le Capitaine en puisse prétendre aucune, sa Compagnie estant au-dessous dudit nombre de trente-cinq. *Grenadiers.*

L'Estat-Major de chacun desdits Regimens, sera payé *Estat-Major.*

à raiſon de ſept livres dix ſols par jour au Meſtre de Camp; trente-deux ſols ſix deniers au Lieutenant-Colonel; quatre livres onze ſols huit deniers au Major; quarante-ſix ſols huit deniers à l'Ayde-Major; vingt-cinq ſols au Marêchal des Logis; vingt-cinq ſols à l'Aumônier; vingt ſols au Chirurgien; vingt-ſix ſols huit deniers au Prevoſt; treize ſols quatre deniers à ſon Lieutenant; huit ſols quatre deniers au Greffier; & cinq ſols à chacun des cinq Archers, & à l'Executeur de Juſtice.

Officiers reformez.

Il ſera payé aux Officiers reformez deſdits deux Regimens à la ſuite d'iceux, entretenus dans les Places, ou qui en forment les Brigardes; ſçavoir trois livres quinze ſols par jour à chaque Meſtre de Camp, ou Lieutenant-Colonel; quarante-cinq ſols dix deniers à chaque Capitaine; & vingt-un ſols huit deniers à chaque Lieutenant.

XVI.

Composition des Bataillons.

POUR entretenir les Bataillons dans une égale force, Sa Majeſté en confirmant ce qui eſt porté par les anciennes Ordonnances, veut que les Compagnies d'un Regiment composé de pluſieurs Bataillons, y ſervent ſuivant le rang de leurs Capitaines; que les Compagnies de Grenadiers ſoient miſes ſuivant leur ancienneté à la teſte de chaque Bataillon; que la Compagnie du Colonel-general, & celle du Meſtre de Camp, demeurent au premier Bataillon; que celle du premier Capitaine factionnaire ſoit dans le ſecond; que celle du ſecond Capitaine ſoit dans le troiſiéme Bataillon, dans les Regimens où il y en a trois; & que les autres Compagnies ſoient ainſi diſtribuées ſuivant leur rang: Et lorſqu'il vaquera une Compagnie dans un Regiment, que l'Officier qui en ſera pourvû, prenne avec ladite Compagnie la queüe dudit Regiment, pour faire monter les autres Compagnies, de ſorte qu'elles ſe trouvent ſuivant leur rang dans les Bataillons où elles doivent ſervir. Et comme Sa Majeſté avoit eſté cy-devant avertie que les Meſtres de Camp des Regimens d'Infanterie prenoient deux Soldats dans les Compagnies qui venoient à y vaquer, pour ſervir dans leur Meſtre de Camp, & qu'ils y en faiſoient

faiſoient auſſi prendre un pour les Grenadiers, Sa Majeſté continuë la deffenſe qu'Elle leur a faite de prendre, ni laiſſer prendre aucun Soldat dans les Compagnies vacantes de leurs Regimens; ſon intention eſtant qu'elles ſoient remiſes à ceux qui en ſeront pourvûs, dans l'eſtat où elles ſe ſeront trouvées lorſqu'elles auront vaqué.

Veut auſſi Sa Majeſté, qu'il y ait toûjours en chaque Compagnie de ſon Infanterie françoiſe ou eſtrangere, dix outils propres à remüer la terre, que les Soldats de chaque chambrée porteront tour à tour avec leurs armes. *Outils à remuer la terre.*

Gendarmerie, Cavalerie & Dragons.

XVII.

LES Officiers des Gardes du Corps du Roy ſervant à la Cornette, ſeront payez à raiſon de ſix livres par jour à chacun des trois Lieutenans par Compagnie; de cinq livres à chacun des trois Enſeignes; trois livres à chacun des onze Exempts, l'Ayde-Major compris; deux livres à chacun des neuf Brigadiers; trente-cinq ſols à chacun des neuf Sous-Brigadiers; trente-trois ſols à chacun des deux cent cinquante-deux Gardes, des ſix Trompettes & un Timbalier; quarante ſols à l'Aumônier; & vingt ſols au Chirurgien: le tout de chacune des quatre Compagnies deſdits Gardes. *GARDES DU CORPS DU ROY.*

XVIII.

LA Compagnie des Grenadiers à Cheval de Sa Majeſté ſera payée à raiſon de dix livres par jour au Capitaine-Lieutenant; de ſix livres à chacun des trois Lieutenans; quatre livres à chacun des trois Sous-Lieutenans; trois livres à chacun des trois Marêchaux des Logis; quarante ſols à chacun des ſix Sergens; trente-un ſols à chacun des trois Brigadiers; vingt-ſix ſols à chacun des ſix Sous-Brigadiers; vingt-quatre ſols à chacun des ſix Appointez & au Porte-Eſtendart; & vingt-un ſols à chacun des cent neuf Grenadiers, & des quatre Tambours. *GRENADIERS A CHEVAL.*

XIX.

Gendarmes et Chevaux-Legers de la garde.

LES grands Officiers des Compagnies de Gendarmes & de Chevaux-Legers de la garde de Sa Majesté, aussi-bien que les cinquante Gendarmes & cinquante Chevaux-Legers, deux Trompettes & un Timbalier de chaque Compagnie servant près Sa Majesté, continuëront à estre payez suivant les Estats & ordres qui seront expediez à cet effet.

Il sera payé trente sols par jour à chacun des Brigadiers, Sous-Brigadiers, cent cinquante Gendarmes, cent cinquante Chevaux-Legers, & deux Trompettes de chacune desdites Compagnies servant à la Cornette, & vingt sols à chacun des sept petits Officiers aussi de chaque Compagnie; sçavoir, un Aumônier, deux Fourriers, deux Chirurgiens, un Sellier, & un Marêchal ferrant.

XX.

Mousquetaires du Roy.

CHACUNE des deux Compagnies des Mousquetaires du Roy, sera payée à raison de trente livres par jour au Capitaine-Lieutenant, qui est vingt livres en qualité de Capitaine, & dix livres en celle de Lieutenant; six livres treize sols quatre deniers à chacun des deux Sous-Lieutenans; cinq livres à chacun des deux Enseignes, & deux Cornettes; cinquante sols à chacun des huit Marêchaux des Logis; quarante-deux sols à chacun des quatre Brigadiers; quarante sols à chacun des seize Sous-Brigadiers, & cent quatre-vingt Mousquetaires; cinquante sols à chacun des quatre Hautbois; & trente sols à chacun des six Tambours, & des six petits Officiers, sçavoir un Aumônier, un Chirurgien, un Apothiquaire, un Fourrier, un Sellier, & un Marêchal ferrant.

XXI.

Gendarmerie.

LES grands Officiers des dix Compagnies de Gendarmes de la Gendarmerie, continuëront à estre payez en conformité des Estats que Sa Majesté fera expedier; & les Marêchaux des Logis, Brigadiers, Sous-Brigadiers, Porte-Estendarts, Gendarmes, Trompettes & Timbaliers, ainsi qu'il est cy-aprés expliqué pour les Compagnies de Chevaux-Legers.

Chacune des ſix Compagnies de Chevaux-Legers de ladite Gendarmerie, ſera payée à raiſon de neuf livres par jour au Capitaine-Lieutenant, qui eſt ſix livres en qualité de Capitaine, & trois livres en celle de Lieutenant; trois livres au Sous-Lieutenant; quarante-cinq ſols à chacun des deux Cornettes; quarante-ſix ſols à chacun des quatre Marêchaux des Logis; vingt-ſix ſols ſix deniers à chacun des deux Brigadiers & deux Sous-Brigadiers; dix-huit ſols quatre deniers au Porte-Eſtendart; quinze ſols à chacun des ſoixante-cinq Chevaux-Legers; vingt-deux ſols à chacun des deux Trompettes; pareille ſomme de vingt-deux ſols à chacun des huit Timbaliers qui ſervent pour deux Compagnies, & trente ſols à chacun des deux Aumôniers qui ſont à la ſuite de ladite Gendarmerie.

Outre la ſolde cy-deſſus reglée pour la Gendarmerie, il ſera fourni une ration de Fourrage par jour à chaque Brigadier, Sous-Brigadier, Porte-Eſtendart, Gendarme, Chevau-Leger, Trompette, & Timbalier.

Eſtat-Major.

Les Officiers de l'Eſtat-Major de ladite Gendarmerie, eſtant payez de leurs appointemens à l'Ordinaire des Guerres, il n'en ſera point fait icy mention.

XXII.

Carabiniers.

CHAQUE Compagnie du Regiment Royal des Carabiniers, ſera payée à raiſon de ſix livres par jour au Capitaine; de trois livres au Lieutenant; trente ſols au Mareſchal des Logis; neuf ſols à chacun des deux Brigadiers, & huit ſols à chacun des trente-trois Carabiniers, compris un Trompette, ainſi que le Timbalier où il doit y en avoir.

Il ſera payé ſix livres par jour au Major de chacune des cinq Brigades dudit Regiment, & trois livres à l'Ayde-Major.

XXIII.

Cavalerie.

CHAQUE Compagnie des Regiments de Cavalerie Françoiſe, ſera payée à raiſon de cinq livres par jour au Capitaine; de cinquante ſols au Lieutenant; vingt-ſix ſols huit deniers au Mareſchal des Logis; huit ſols à chacun des deux Brigadiers, & ſept ſols à chacun des quarante-trois Cavaliers, y compris un Trompette, & le Timbalier où il doit y en avoir : Les deux Sous-Lieutenans qui ſont dans la Compagnie Colonelle du Regiment du Colonel general de la Cavalerie ; & le ſecond Lieutenant en celle du Meſtre de Camp general, ſeront payez à raiſon de cinquante ſols chacun par jour ; les deux Cornettes qui ſont dans chacune des Compagnies Colonelles des Regimens du Colonel general, & du Meſtre de Camp general, & celuy qui eſt dans le Regiment du Commiſſaire general, à raiſon de trente-ſept ſols ſix deniers auſſi chacun par jour; obſervant que leſdites Charges de ſecond Lieutenant, ſecond Sous-Lieutenant, & ſecond Cornette, ne doivent point eſtre remplacées lorſqu'elles viendront à vaquer.

Eſtat-Major. Il ſera payé cinq livres par jour au Major de chaque Regiment de Cavalerie Françoiſe, & cinquante ſols à chaque Ayde-Major.

Officiers reformez. Les Capitaines & Lieutenants reformez de Cavalerie Françoiſe, qui en conformité de l'Ordonnance du 25. Juin de l'année 1725. ſont compris dans les Eſtats ſignez du Secretaire d'Eſtat de la Guerre pour ſervir à la ſuite deſdits Regiments, n'ayant point de domicile dans les Provinces, ſeront payez en paſſant preſens aux Revûës, ſur le pied de quatre-vingt-dix livres par mois à chaque Capitaine reformé à la ſuite des Regiments de Carabiniers, & de Cavalerie; de quarante-cinq livres à chaque Lieutenant reformé de Carabiniers; & de quarante-une livres quinze ſols à chaque Lieutenant reformé de Cavalerie.

Reformez de Nugent. Les Officiers reformez à la ſuite du Regiment de Cavalerie Irlandoiſe de Nugent, qui eſt ſur le pied François, ſeront payez à raiſon de ſix livres deux ſols trois deniers par jour à chaque Meſtre de Camp; cinq livres ſeize ſols huit deniers à chaque Lieutenant-Colonel; quatre livres à chaque Capitaine; trente-huit ſols onze deniers à chaque Lieutenant; à moins qu'ils n'ayent des ordres particuliers

particuliers sur lesquels ils seront payez : Et l'Aumônier qui a esté conservé dans ledit Regiment, recevra trente sols par jour.

Officiers de Bethune.

Sa Majesté trouve bon de continuer aux Officiers du Regiment de Cavalerie de Bethune les Pensions par forme de supplement d'appointemens, qu'elle leur a accordées par son Ordonnance du 15. Octobre 1719. en mettant ledit Regiment à la paye françoise, jusqu'à ce qu'ils parviennent à d'autres grades, & sans tirer à consequence pour ceux qui leur succederont.

XXIV.

Royal Allemand.

CHAQUE Compagnie du Regiment Royal Allemand, sera payée à raison de six livres par jour au Capitaine; de trois livres au Lieutenant; trente sols au Marêchal des Logis; neuf sols à chacun des trois Brigadiers; & sept sols à chacun des quarante-deux Cavaliers, y compris les Cadets, Trompette & Timbalier. Il sera en outre payé un sol par jour à chaque Cadet qui passera en revûë dans le nombre des Cavaliers, sur le Certificat du Commandant du Regiment.

Estat-Major.

L'Estat-Major dudit Regiment sera payé à raison de six livres treize sols quatre deniers par jour au Mestre de Camp; cinq livres à chacun des deux Lieutenans-Colonels; huit livres six sols huit deniers à chacun des deux Majors, tant pour leurs appointemens en ladite qualité de Major, que pour leur tenir lieu de ceux de Capitaine; cinquante-trois sols quatre deniers à chacun des deux Aides-Majors; vingt-six sols huit deniers au Marêchal des Logis; trente-trois sols quatre deniers au Prevost; vingt-six sols huit deniers à son Lieutenant; vingt sols au Greffier; vingt-six sols huit deniers à chacun des Aumônier & Chirurgien; & quinze sols à chacun des quatre Archers & un Executeur de Justice: Voulant Sa Majesté que les Deux cens livres d'appointemens par mois, reglez par Ordonnance particuliere au Sieur Daremberg premier Lieutenant-Colonel dudit Regiment, luy soient continuées sans tirer à consequence pour ceux qui luy succederont.

XXV.

Helmstatt. CHAQUE Compagnie du Regiment de Cavalerie estrangere de Helmstatt, sera payée à raison de six livres par jour au Capitaine ; trois livres au Lieutenant ; vingt-six sols huit deniers au Marêchal des Logis ; huit sols à chacun des deux Brigadiers ; & de sept sols à chacun des quarante-trois Cavaliers, compris les Trompettes & Timbalier.

Estat-Major. L'Estat-Major dudit Regiment sera payé à raison de trois livres six sols huit deniers au Mestre de Camp, par jour ; quarante sols au Lieutenant-Colonel ; huit livres dix sols au Major ; trois livres à l'Aide-Major ; treize sols quatre deniers à chacun des Chirurgien & Auditeur ; & sept sols six deniers à chacun des Greffier, trois Archers & un Executeur.

XXVI.

Rattki et Berchini. CHAQUE Compagnie des Regimens de Hussarts de Rattki & Berchini, doit estre payée à raison de six livres par jour au Capitaine ; trois livres au Lieutenant ; vingt-six sols huit deniers au Marêchal des Logis ; neuf sols à chacun des deux Brigadiers ; & de sept sols à chacun des trente-trois Hussarts, compris le Trompette & le Timbalier.

Estat-Major. L'Estat-Major de chacun desdits Regimens de Hussarts, sera payé à raison de trois livres six sols huit deniers par jour au Mestre de Camp ; quarante sols au Lieutenant-Colonel ; huit livres dix sols au Major ; trois livres à l'Aide-Major ; & treize sols quatre deniers au Chirurgien.

Officiers reformez. Les Officiers reformez à la suite desdits Regimens Royal Allemand, Helmstatt, Rattki & Berchini, seront payez à raison de cinq livres par jour à chaque Mestre de Camp, ou Lieutenant-Colonel ; de trois livres à chaque Capitaine ; & vingt-sept sols dix deniers à chaque Lieutenant, à l'exception de ceux ausquels il aura esté accordé des ordres particuliers, suivant lesquels ils doivent estre payez.

Du 10 decembre 1727. 300.

XXVII.

CHAQUE Compagnie des Regimens de Dragons, sera payée à raison de Quatre livres dix sols par jour au Capitaine, quarante sols au Lieutenant; vingt sols au Marêchal des Logis; sept sols six deniers à chacun des deux Brigadiers; & six sols six deniers à chacun des trente-huit Dragons & un Tambour. *Dragons.*

Outre les Officiers cy-dessus, il sera entretenu dans la Compagnie du Colonel general des Dragons un second Lieutenant, deux Sous-Lieutenans, un Cornette; & dans celle du Mestre de Camp general, un second Lieutenant & un Cornette, qui seront payez à raison de quarante sols par jour à chaque Lieutenant; trente-trois sols quatre deniers à chaque Sous-Lieutenant; & trente sols à chaque Cornette; Entendant Sa Majesté, que lesdites charges de second Lieutenant & second Sous-Lieutenant ne soient point remplacées, lorsqu'elles viendront à vaquer.

L'Estat-Major de chaque Regiment de Dragons, sera payé à raison de dix livres par jour au Mestre de Camp; de quatre livres dix sols au Major; & de cinquante sols à l'Ayde-Major. *Estat-Major.*

Les Capitaines & Lieutenans reformez de Dragons, qui en conformité de l'Ordonnance du 25. Juin 1725. sont compris dans les estats signez du Secretaire d'Estat de la Guerre pour servir à la suite desdits Regimens, n'ayant point de domicile dans les Provinces, seront payez en passant presens aux Revûës, sur le pied de cinquante livres par mois à chaque Capitaine, & de trente-trois livres six sols huit deniers à chaque Lieutenant. *Officiers reformez.*

XXVIII.

LES Gardes du Corps du Roy reformez, que Sa Majesté veut bien entretenir dans le nombre desdits Cavaliers & Dragons, en attendant leur remplacement, y recevront dix sols chacun par jour, au lieu de sept sols cy-dessus reglez pour lesdits Cavaliers, & de six sols six deniers pour les Dragons. *GARDES DU CORPS REFORMEZ.*

XXIX.

Compagnies franches de Dragons.

Les Compagnies franches de Dragons de Kleinhold, Kleinhold fils, Desmoulins, Montauban, Gouverneur, & Goderneau, de cent hommes chacune, les Officiers non compris, seront payées à raison de cinq livres par jour au Capitaine; quarante-cinq sols au Capitaine reformé; quarante sols au premier Lieutenant; trente-trois sols quatre deniers au second Lieutenant; vingt sols à chacun des deux Marêchaux des Logis; sept sols six deniers à chacun des quatre Brigadiers; & six sols six deniers à chacun des quatre-vingt-seize Dragons.

XXX.

Fourrages.

Outre la solde cy-dessus reglée pour les Carabiniers, la Cavalerie, les Hussarts, & Dragons, il sera fourni une Ration de fourrage par jour à chaque Brigadier, Carabinier, Cavalier, Hussart, Dragon, Tambour, Trompette, & Timbalier, conformément aux plus exactes Revûës des Commissaires des guerres, & autres Préposez à cet effet.

XXXI.

Masse de la Cavalerie et des Dragons.

Il sera donné outre la solde cy-dessus, qui sera payée sans aucun retranchement, dix deniers par jour pour chaque Brigadier, Carabinier, Cavalier, Hussart, Dragon, Tambour, Trompette, & Timbalier, dont le fonds restera entre les mains du Tresorier, pour composer une masse toujours complette destinée à l'habillement desdites Compagnies; de laquelle ledit Tresorier donnera sa reconnoissance à l'Officier chargé du détail des Regimens, Brigades, ou Compagnies franches de Dragons, pour estre payée sur la main-levée du Directeur, ou Inspecteur general dans le département duquel ils se trouveront, visée des Colonels Generaux de la Cavalerie, & des Dragons: Sa Majesté se reservant au surplus d'accorder comme par le passé des Quartiers d'Hyver à ses Troupes de Cavalerie & de Dragons.

XXXII.

Du 10. Décembre 1727. 301.

XXXII.

Mestres de Camp et Lieutenans-Colonels reformez.

Les Mestres de Camp, & Lieutenans-Colonels reformez d'Infanterie Françoise, qui par l'ancienneté de leurs services doivent avoir des appointemens, continuëront à estre payez dans leurs Provinces sur le pied de neuf cens livres par an à chaque Mestre de Camp, & sept cens livres à chaque Lieutenant-Colonel, sur les Estats & ordres qui seront expediez à cet effet.

Sa Majesté trouve bon de continuer aux Lieutenans-Colonels reformez d'Infanterie, qui ont commandé des Bataillons de Milices levez en 1719. les trois cens livres qu'elle leur a accordées par augmentation d'appointemens par an.

Les Mestres de Camp & Lieutenans-Colonels reformez de Cavalerie Françoise, qui par l'ancienneté de leurs services doivent aussi avoir des appointemens, continuëront d'estre payez dans leurs Provinces sur les Estats & ordres qui seront expediez à cet effet.

Les Mestres de Camp & Lieutenans-Colonels reformez de Dragons, qui par l'ancienneté de leurs services doivent avoir des appointemens, continuëront aussi d'estre payez dans leurs Provinces sur les Estats & ordres qui seront envoyez, à raison de deux mille livres par an à chacun des Mestres de Camp qui ont eû des Regimens, mille livres à chacun des autres, & six cens livres à chaque Lieutenant-Colonel.

Les Mestres de Camp, Lieutenans-Colonels, Capitaines & Lieutenans reformez tant d'Infanterie que de Cavalerie & de Dragons, entretenus dans les Places de guerre en qualité de Partisans, seront payez en passant presens aux Revûës, des appointemens qui leur ont esté reglez, comme par le passé, suivant les Estats signez du Secretaire d'Estat de la guerre, conformément à l'Ordonnance du 25. Juin 1725.

Les Capitaines & Lieutenans reformez d'Infanterie, de Cavalerie & de Dragons, cy-devant attachez à la suite des Regimens, ou entretenus à la residence des Places

Frontieres, retirez dans leurs Provinces avant l'Ordonnance du 25. Juin 1725. seront payez de leurs Appointemens de retraite, suivant les Estats ou ordres qui seront envoyez aux Intendans desdites Provinces dans lesquelles ils se seront retirez, ainsi qu'il s'est pratiqué jusqu'à present.

A l'égard des autres Capitaines & Lieutenans reformez nommez dans ladite Ordonnance du 25. Juin 1725. ils seront payez en conformité de ce qu'elle contient à leur égard.

Ingenieurs. Les Ingenieurs ausquels Sa Majesté a accordé des reformes, continuëront à estre payez dans les Places de leur residence, sur les ordres que Sa Majesté leur fera expedier, à raison de trente-sept livres dix sols par mois à chaque Capitaine, & de vingt livres à chaque Lieutenant.

XXXIII.

Estapes. Sa Majesté ayant jugé necessaire de restablir les Estapes qui avoient esté supprimées par son Ordonnance du 15. Avril 1718. & ordonné en consequence par celle du 13. Juillet dernier, que la fourniture en seroit faite à commencer du premier Janvier de l'année prochaine 1728. il ne sera plus payé de solde ni de supplement de solde en route, aux Officiers presens, ni aux Soldats des Regimens d'Infanterie, Cavalerie & Dragons pendant leurs marches: Sa Majesté trouvant bon néantmoins, que le sol d'augmentation par jour accordé à chaque Sergent, & les six deniers à chaque Caporal, Anspessade, Grenadier, Soldat & Tambour, pour s'entretenir de linge & de chaussure, leur soient continuez pendant lesdites marches, dans les lieux où l'Estape sera fournie; Et il sera accordé un supplement de solde aux Troupes d'Infanterie estrangere, ainsi qu'il se pratiquoit avant la suppression desdites Estapes.

Mande & ordonne Sa Majesté aux Gouverneurs & à ses Lieutenans generaux dans ses Provinces, aux Gouverneurs ou Commandans dans ses Villes & Places, aux

Du 10. Decembre 1727.

Intendans en ſes Provinces & ſur les Frontieres; aux Directeurs & Inſpecteurs generaux ſur ſes Troupes, aux Commiſſaires des Guerres, & à tous autres ſes Officiers qu'il appartiendra, de tenir la main à l'execution de la preſente. FAIT à Verſailles le dixiéme Decembre mil ſept cens vingt-ſept. *Signé* LOUIS. *Et plus bas,* LE BLANC.

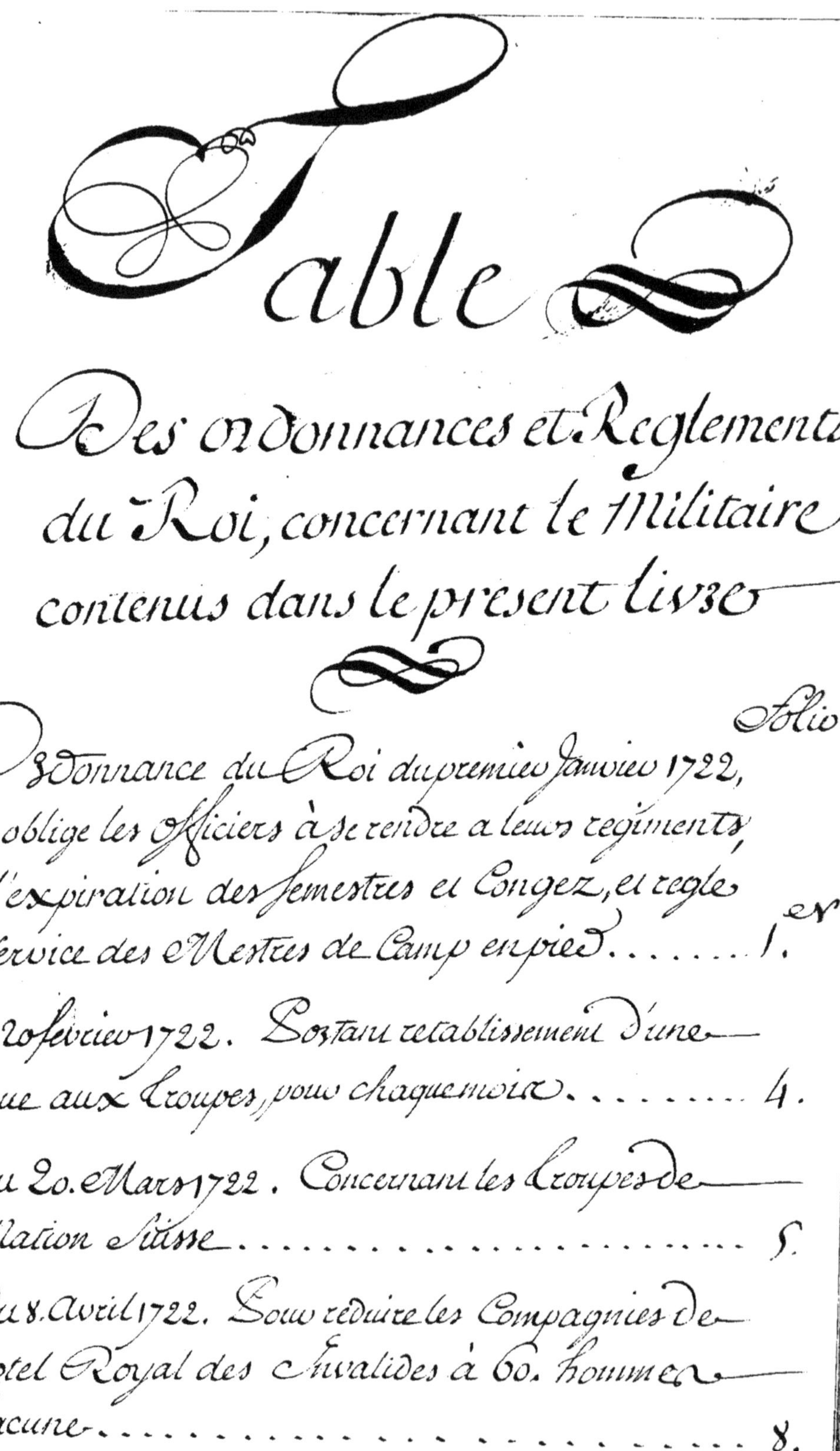

Table

Des ordonnances et Reglements du Roi, concernant le Militaire contenus dans le present livre

Folio

Folio.

folio.

Folio.

Du 30. avril 1727. Pour faire donner deux payes de gratification a chaque Capitaine de Milice, et un sol six deniers d'augmentation de solde par jour a chaque Tambour .... 250.

Du 8 May 1727. Pour donner rang de Lieutenants Colonels, aux Lieutenants du Regiment des Gardes suisses; Et confirmer le rang de sous-Lieutenants et Enseignes dudit Regiment sur le meme pied, que ceux des Gardes françoises, avec les Officiers des autres Regiments d'Infanterie .... 251.

Du 8 May 1727. Pour faire fournir du pain de munition aux Troupes, dans les places frontieres, ou dans les Provinces, où elles seront distribuées .. 253.

Du 5. Juin 1727. Pour mettre a son rang le Regiment de Cavalerie vacant par le decés de M. le Prince de Conty, en le mettant sous le nom du Sieur Marquis du Chayla Mestre de Camp, auquel Sa Majesté en a donné le Commandement ..... 256.

Du 13 Juin 1727. Pour faire payer la masse complette aux 58 Compagnies de Cavalerie de nouvelle levée à commencer du 1.er avril 1727 .... 258.

folio.

Folio.

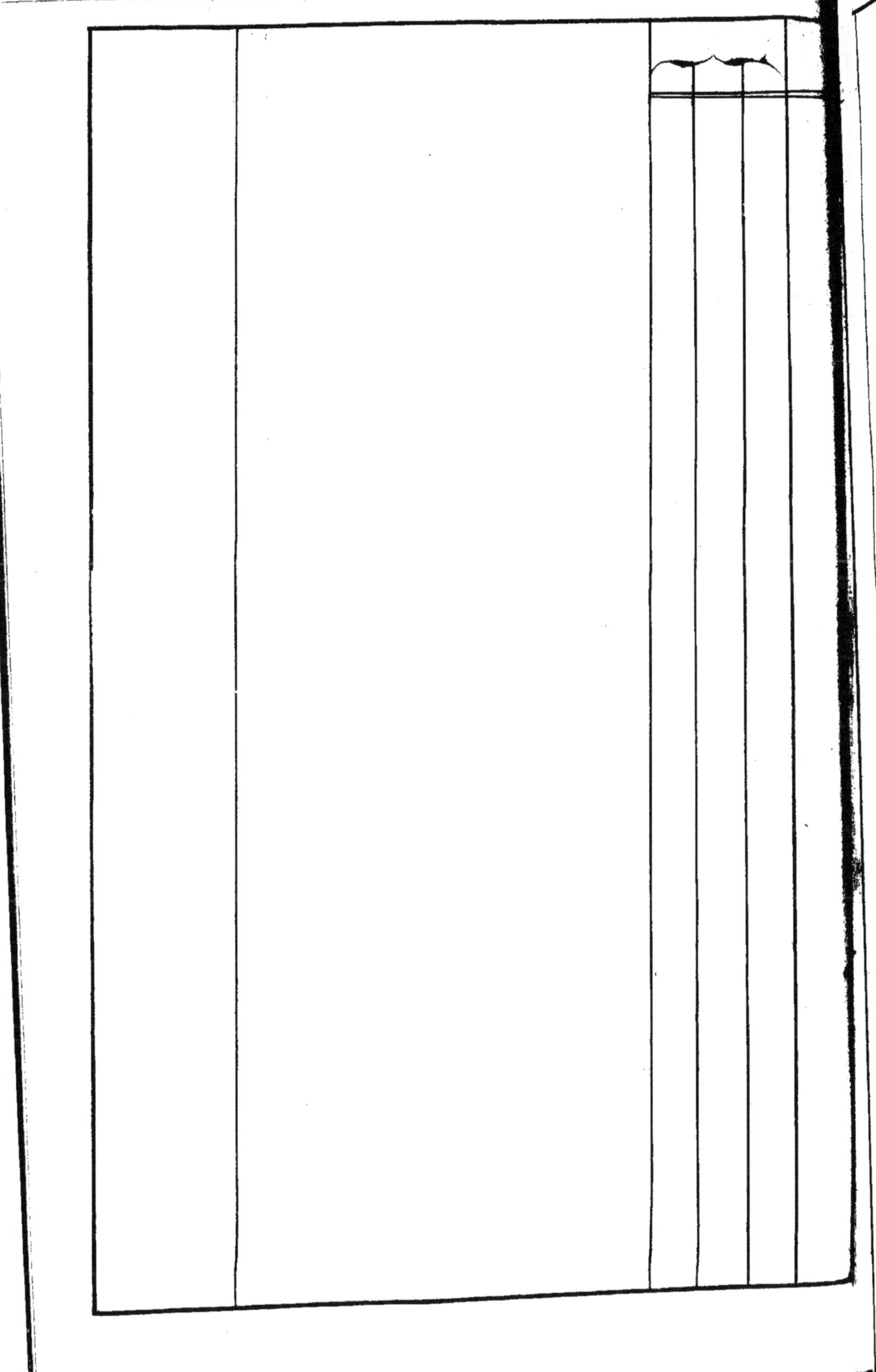

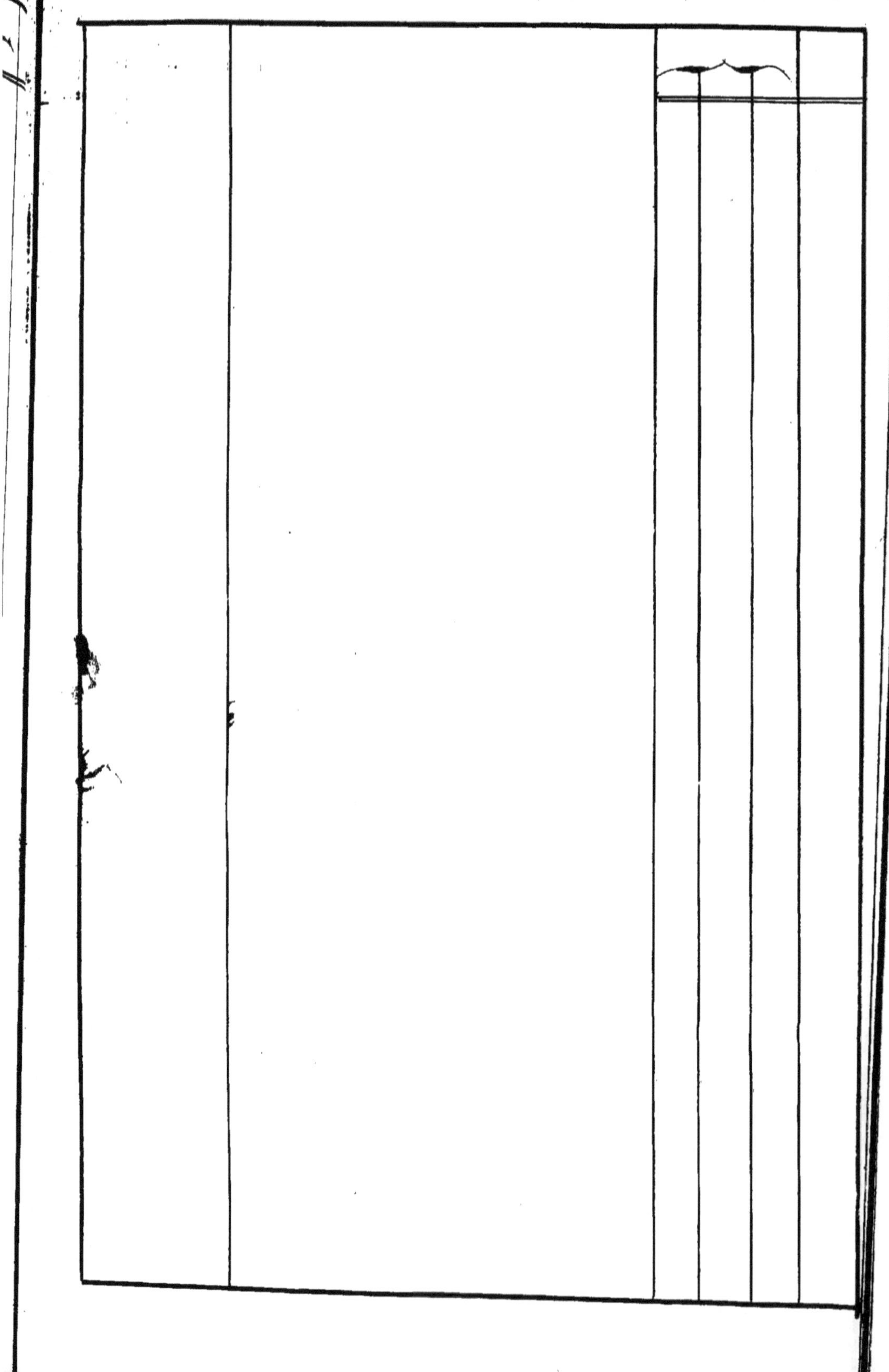

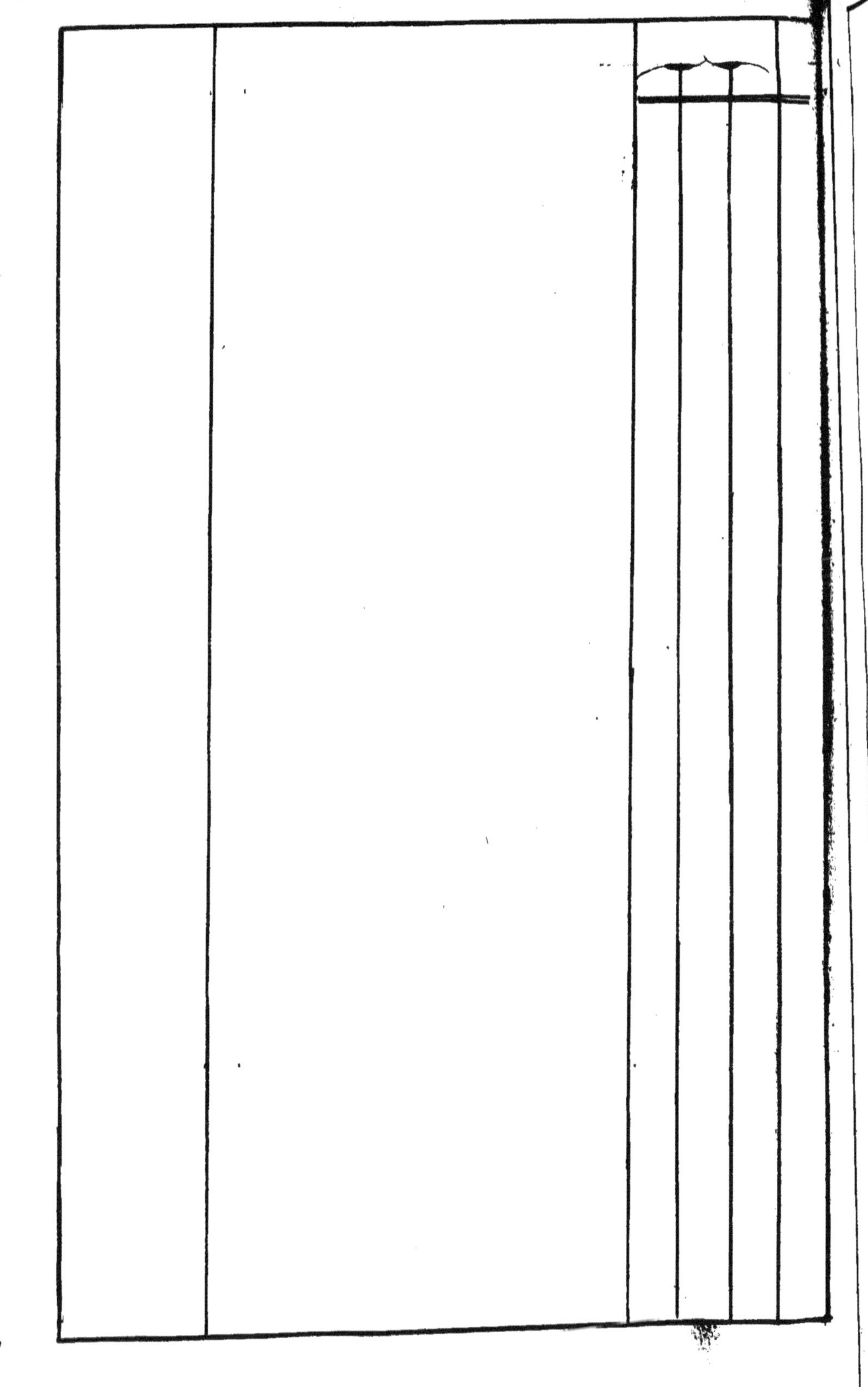